INHALT

Vorwort	4
1. Fotografie mit Smartphones	7
Kamerafunktionalität	7
Fotografieren leichtgemacht	8
Die richtige Handhabung beim Fotografieren	9
Tipps für perfekte Aufnahmen	10
Was sollte beim Kauf eines Smartphones für Fotografie beachtet werden?	18
3. Fotografie mit Spiegelreflexkameras	28
Grundlegende Einstellungen der Spiegelreflexkamera	34
Folgende Aspekte sollten noch genauer betrachtet werden:	35
Was sollte beim Kauf einer Spiegelreflexkamera beachtet werden?	40
2. Fotografie mit Digitalkameras	46
Schnelles Knipsen erwünscht	46
Aufnahmegeschwindigkeit und weitere Aspekte	46
Was sollte beim Kauf einer Digitalkamera beachtet werden?	51

Systemkameras	*57*
Kompaktkameras	*62*
Blende	*65*
Belichtungszeit	*67*
ISO-Wert	*70*
Objektivwechsel	*72*
Weitwinkel	*76*
Teleobjektiv	*79*
Makroobjektiv	*81*
Foto-Genres	*83*
Natur, Menschen und Architektur	*86*
4. Bildbearbeitung	*91*
Sinn und Zweck der Bearbeitung	*91*
Non-Destruktiv oder Destruktiv?	*92*
Software für Computer	*93*
Unser Fazit	*101*
Rechtliche Hinweise	*103*
Impressum	*105*

Fotografieren und Fotografie lernen:
Handbuch für Einsteiger und Anfänger!
Perfekte Schnappschüsse und Fotos im Fotokurs lernen - inkl. Tipps zur Bildbearbeitung

Autor - Markus Langes

Vorwort

Herzlich willkommen!

Liebe Leserin, lieber Leser,
hiermit möchte ich mich bei Ihnen für Ihr Interesse und den Kauf dieses Buches bedanken. Es freut mich, dass Sie sich für die Kunst des Fotografierens interessieren.

Sie lieben es, den Augenblick festzuhalten? Sie wollen Erinnerungen auf Bilder bannen und Ihre Sicht auf die Welt abbilden? Das Ganze vielleicht doch etwas professioneller als bisher?

Vermutlich sind Sie ein Anfänger oder Einsteiger und auf der Suche nach hilfreichen Tipps für Ihre ersten Gehversuche mit Ihrer neuen Kamera. In diesem Buch werden Sie fündig. Wir haben hier zahlreiche Ideen, Tipps und Möglichkeiten für Einsteiger in die Fotografie zusammengetragen.

Wir helfen Ihnen dabei und weisen Ihnen den Weg in die digitale Fotografie. Zunächst müssen Sie sich natürlich für die richtige Kamera entscheiden. Welche am besten zu Ihnen passt und wo die Unterschiede liegen, damit beschäftigen wir uns zuerst.
Entscheiden Sie sich für eine Kamera mit vielen Funktionen, helfen wir Ihnen, diese zu verstehen und mit Ihnen zu arbeiten.
Außerdem wollen wir uns verschiedenen Fotografie-Genres sowie der Bildnachbearbeitung am PC widmen. Dabei wünschen wir Ihnen ein informatives Lesevergnügen.

Neben Profi-Tipps für Spiegelreflex-Kameras und Methoden zur Bildbearbeitung, finden Sie hier auch Ideen zur Verwendung Ihrer Smartphone-Kamera. In der heutigen Zeit ist das Mobiltelefon eigentlich rund um die Uhr zur Hand und immer bereit für den nächsten Schnappschuss.
Diese Geräte haben sich enorm weiterentwickelt und bei richtiger Verwendung ersetzen sie für den „Otto-Normalverbraucher"

teilweise eine digitale Kamera.

Jetzt möchte ich Sie nicht mehr weiter auf die Folter spannen und wünsche Ihnen bereits vorab viel Spaß und gute Unterhaltung mit diesem Buch! Ich hoffe, Sie finden Antworten auf Ihre Fragen und gute Vorschläge für Ihre ersten Schritte.

Ihr *Markus Langes*

1. Fotografie mit Smartphones

Kamerafunktionalität

Das Fotografieren mit dem Smartphone ist schon seit einigen Jahren möglich. Im Laufe der Jahre hat sich die Kamerafunktionalität deutlich verbessert. Von einer besseren Auflösung bis hin zur Etablierung der Frontkamera gab es stetige Veränderungen. Deshalb ist es selbstverständlich, dass sich auch die Darstellung der Bilder geändert hat. Während alles mit Pixelbildern anfing, ist es heute möglich, jede beliebige Aufnahme zu vergrößern.

Hier kommt das Display des Handys zum Einsatz. Mit kleinen Fingerbewegungen kann man bereits das Bild so weit vergrößern, wie man es wünscht. Details erkennen ist nun keine Schwierigkeit mehr. Zudem ist die Auflösung so gut, dass die Bilder im Druck ein optimales Ergebnis vorweisen. Da die Handhabung dieser Geräte sehr einfach ist, eignen sich diese perfekt zum Fotografieren für Anfänger.

Fotografieren leichtgemacht

Ein Bild einer Landschaft oder ein Foto von sich selbst machen? Die Entscheidung ist jedem selbst überlassen. Der Begriff „Selfie" hat sich nicht ohne Grund etabliert. Während man früher nur eine Kamera an der Handyrückseite vorfinden konnte, ist die Frontkamera heute ein Muss. Mobil sein und gleichzeitig jedem alles mitteilen können wird immer wichtiger. Egal, ob es sich hierbei um das Essen handelt, welches man sich gerade besorgt hat oder ob man spannende Momente festhalten möchte.

Die beidseitige Kamera öffnet die Türen für allerlei Fotografie. Zur Verbreitung der Bilder nutzt man beispielsweise Snapchat, WhatsApp etc., während man früher lieber in die nächste Druckerei gegangen ist, um die Erzeugnisse zu vervielfältigen. Der Mensch wird bequemer. Der technische Fortschritt hat dies möglich gemacht. Deshalb erfreut man sich stetig an den neuen Funktionalitäten der integrierten Kamera. Nahezu jährlich wird die Auflösung besser, die Handhabung einfacher und der Spaßfaktor größer. Deshalb ist das Fotografieren für Anfänger hiermit am einfachsten.

Die richtige Handhabung beim Fotografieren

Sicherlich ist folgendes Szenario jedem bekannt: Man befindet sich in einer spannenden Situation und denkt daran, genau diesen Moment festzuhalten. Aus Intuition greift man sofort zum kleinen Begleiter, dem Smartphone. Doch dann bemerkt man, dass alle Versuche „das perfekte Bild" zu machen, gescheitert sind. Wie geht es nun weiter? Sicherlich lassen sich manche Aufnahmen noch retten. Trotzdem kann man diesen Fall einfach verhindern. Schon die richtige Handhabung des Handys führt zu perfekten

Aufnahmen. Was damit gemeint ist? Ganz einfach:

Tipps für perfekte Aufnahmen

Linse mit weichem Tuch säubern

Smartphone-Kameras sind nicht gerade groß. Deshalb ist es umso wichtiger, dass man die regelmäßige Pflege des Objektivs nicht vernachlässigt. Schließlich kann das Gerät auch in der Jackentasche schnell Schmutz abbekommen. Am besten verwendet man zur Säuberung nicht fusselnde Tücher. Diese sollten möglichst aus Mikrofaser oder Baumwolle bestehen, da sie zuverlässig auch kleinste Partikel entfernen.
Papiertaschentücher sollten jedoch nicht zur Reinigung genutzt werden. Sie zerkratzen nur unnötig das Objektiv.

Das Maximum aus Bildqualität und Auflösung schöpfen

Die entstandenen Bilder sollen natürlich nicht pixelig sein. Deshalb ist es wichtig, dass man die Bildqualität auf das beste Maß erhöht. Das ist für die spätere Nachbereitung von Vorteil. So kommt es eher weniger zu störenden Makeln.

Speicherkarten sinnvoll nutzen

Wenn man das Smartphone des Öfteren zum Fotografieren für Anfänger nutzt, so ist es sinnvoll, mindestens eine Speicherkarte dabei zu haben.
Speicherkarten sind in jedem Elektronikfachgeschäft erhältlich und werden jährlich im Preis gesenkt. Zudem dauert es eine Weile, bis sie wirklich voll sind.
Schließlich benötigen Smartphone-Bilder niemals einen so großen Speicherplatz, wie Aufnahmen mit einer Spiegelreflexkamera.

Einmal knipsen? Niemals!

Fotografieren für Anfänger ist nicht immer leicht. Deshalb ist es sinnvoll, speziell am Anfang mehrere Bilder von einer Situation zu machen. Dadurch kann man gezielt die besten Aufnahmen heraussuchen und diese anschließend weiter optimieren. Wenn man hingegen nur ein einziges Bild schießt und es dann schon komplett verwackelt ist, kann man es kaum noch retten. Es empfiehlt sich, eine Serie aufzunehmen. Dies kann man in den Einstellungen festlegen.

Beidhändiges Festhalten und Bedienen

Bilder können schnell verwackeln bzw. verwischen. Das passiert nicht, wenn man beide Hände am Smartphone hat! Im Querformat lässt es sich am besten fotografieren. Ein Daumen reicht bereits, um den Auslöser auf dem Display zu betätigen.

Helligkeit und Kontrast einstellen

Generell gilt: Die Hauptlichtquelle sollte sich stets hinter dem Fotografen befinden. Natürlich ist das von den Lichtverhältnissen abhängig. Es macht einen großen Unterschied, ob man sich in einem geschlossenen Raum oder der freien Natur aufhält. Wenn man hingegen draußen unterwegs ist, so sollte man die Lichtverhältnisse zu seinem Vorteil nutzen. Mit der Sonne arbeiten und Schattenquellen suchen reicht für den Anfang völlig aus, um gute Bilder zu machen. Trotzdem sind speziell Smartphones sehr lichtempfindlich. Sie reagieren bereits auf kleinste Veränderungen und fokussieren dann nicht mehr richtig. Zu wenig Licht sorgt für ein gewisses Bildrauschen. Das Bild wirkt dann nicht nur pixelig, sondern auch unrealistisch. Je nach abzulichtendem Motiv und den gegebenen Lichtverhältnissen muss man die Belichtung anpassen.

Augenhöhe bei Portraitaufnahmen wahren

Der Fokus des Bildes ist oftmals nur schwer zu kontrollieren. Manchmal stehen unwesentliche Dinge im Vordergrund. Hierbei gilt jedoch: Bei Portraitaufnahmen immer von der Augenhöhe ausgehen! So erhält man nicht nur einen klaren Blick, sondern auch optimale Gesichtszüge. Die Emotionen der Person kommen viel besser zum Vorschein. Ungewollte Schatten finden dadurch keinen Weg ins Bild.

Mit voreingestellten Filtern arbeiten

Jedes Smartphone verfügt bereits beim Fotografieren für Anfänger über mehrere Filter. So werden helle oder dunkle Aufnahmen in Kürze so optimiert, sodass man lediglich nur noch den Auslöser betätigen muss. Auf diesem Wege kommen unter anderem spannende schwarz-weiß Bilder zu Stande.

Bildmodus effektiv nutzen

Zudem kann man im Voraus entscheiden, welche Art von Bild man erschaffen möchte. Von der üblichen Ansicht bis hin zum Panoramafoto ist alles möglich. Das ist jedoch davon abhängig, wie viel man auf dem Bild haben möchte. Bei vielen Details empfehlen sich zum Beispiel Panoramaaufnahmen.

Erweiterungen für Smartphone-Fotografie

Auch im Bereich der Smartphones gibt es bereits jegliche Erweiterungen. So wird die Fotografie für Anfänger mit einfachen Mitteln vereinfacht.

Kleine Stative lassen kein Bild verwackeln

Fotografieren für Anfänger ist besonders schwer, wenn es um die richtige Stabilisation geht. Viele Bilder verwackeln, da nicht jeder weiß, wie man das Smartphone am besten halten kann. Außerdem rutscht so ein kleines Gerät schnell aus der Hand, sobald sich ein Finger leicht löst. Im Ernstfall fällt die neuste Technik auf den Boden und kann durch ein gleichwertiges Gerät ersetzt werden. Das soll allerdings nicht passieren! Mit einem kleinen Stativ kann man Großes bewirken. Smartphone auf die Vorrichtung platzieren und schon kann es losgehen. Diese sind nicht nur verstellbar, sodass die Höhe geändert werden kann, sie sind ebenfalls recht wendig und können schöne Panoramaaufnahmen schaffen. Verwackelte Bilder gehören hiermit der Vergangenheit an.

Das Nutzen von Selfie-Sticks zeigt neue Perspektiven

Wer kennt sie nicht? Die praktischen Selfie-Sticks sind heutzutage so beliebt. Keiner kommt an ihnen vorbei. In Elektronik Fachmärkten sind sie oftmals das erste Produkt, welches man zu Gesicht bekommt.

Warum? Dieses wendige Stativ hat sich in den Köpfen der Menschen so stark etabliert, dass so gut wie jeder es hat. Deshalb ist der Preis pro Stück deutlich gesunken. Wer in ein wendiges Stativ investieren will, benötigt lediglich 10€. Was bietet der kleine Begleiter? Das Smartphone lässt sich ganz einfach am Ende des Sticks platzieren. Im Anschluss daran kann man den Stab beliebig weit auseinanderziehen. Ist die gewünschte Perspektive erreicht, so betätigt man nur noch den Auslöser. Der befindet sich oftmals schon an der Halterung des Stabs, damit das Bild auch wirklich perfekt bleibt.

Halterungen aller Art lassen sich leicht anbringen und sorgen für Stabilität

Mit Halterungen sind nicht nur Stative gemeint. Heutzutage gibt es auch Halterungen, die sich an der Wand befestigen lassen. Andererseits gibt es auch Vorrichtungen, die man ganz leicht draußen platzieren kann. Das schont nicht nur das

Smartphone, da es befestigt ist und nicht fallen kann. Man kann einfach den Selbstauslöser betätigen und so schnell eine Serie knipsen. Stabilität und schöne Aufnahmen sind das Ergebnis. Diese Halterungen sind ebenso preisgünstig zu erwerben, wie die bereits oben genannten Selfie-Sticks. Auch sie starten ab einem Wert von 10,00 €.

Objektive sorgen für spannende Effekte

Vom Fischauge bis hin zum Weitwinkel. Der Fotografie für Anfänger sind auch mit dem Smartphone keine Grenzen gesetzt. So lassen sich spannende Bilder knipsen, die auch wirklich besonders aussehen. Derartige Objektive werden heutzutage in Komplettpaketen angeboten. So bekommt man mit einer Bestellung eine kleine Auswahl zum Probieren nach Hause geliefert. Preislich starten solche Pakete bei 20,00 € und gehen je nach Qualität bzw. Marke in die Höhe.

Was sollte beim Kauf eines Smartphones für Fotografie beachtet werden?

Auflösung

Generell haben Smartphones verschiedene Auflösungen. Das unterscheidet sich beispielsweise bei Android- und IOS-Nutzern. Auch die Handymarke bzw. das Modell an sich lassen nur bestimmte Auflösungen zu. Trotzdem sollte man stets die höchste Auflösung wählen. Dadurch werden mehr Bildinfos gespeichert und man erhält im Gegenzug dazu ein scharfes Bild. Pixel sind hier nicht vorhanden. Zudem kann man den Bildausschnitt noch verändern, ohne dass das Bild verzerrt oder verwischt wirkt.

Blitz

Sobald nicht genügend Licht verfügbar ist, wird sich das Smartphone an den integrierten

Blitz wenden. Damit wird nicht nur das Bild aufgehellt. Man erhält ein scharfes Bild ohne Streifen. Trotzdem muss man beachten, dass diese kleinen Blitzer nur über eine kurze Distanz funktionieren. Eine große Reichweite besitzen sie nämlich nicht. Zudem wirken die Bilder dann oftmals überstrahlt. Dies fällt speziell bei neueren Smartphones auf. Die Funktion des Blitzes ist in verschiedenen Stufen verfügbar. So kann man einstellen, ob der Blitz automatisch, nie oder immer auslösen soll.

Bildstabilisator

Heutzutage ist ein Bildstabilisator in jedem Smartphone vorhanden. Er erhöht die Lichtempfindlichkeit des integrierten Sensors. Dadurch wird die Verschlusszeit der Linse verkürzt. Warum ist das so wichtig? Die Länge der Verschlusszeit bestimmt über die Aufnahme selbst. Hiermit ist das Verwackeln und das Bildrauschen gemeint. Je länger der Zeitraum dauert, desto eher besteht die

Chance, dass es zu einer fehlerhaften Aufnahme kommt.

Belichtungsmodus

Der Belichtungsmodus kann ebenfalls individuell eingestellt werden. Man unterscheidet zwischen Motiv- und Programmautomatik. Die Motivautomatik beruht auf einer grundlegenden Analyse des Kamerafotos. Daraufhin bestimmt die Belichtung selbst, wie stark sie sein muss, um das Motiv am besten in Szene zu setzen. An diesem Modus kann man jedoch nichts ändern. Er ist gefestigt und lässt sich keineswegs verstellen. Vergleicht man das mit der Programmautomatik, so fällt ein erheblicher Unterschied auf. Hier liegt der Fokus auf der Blende und der Verschlusszeit. Diese beiden Aspekte sind für die Lichtempfindlichkeit, die Korrektur der Belichtung sowie den Weißabgleich zuständig.

Belichtungskorrektur

Manche Bilder wirken auf den ersten Blick zu grell. Hier kommt die Belichtungskorrektur zum Einsatz. Sie optimiert die Helligkeit eines Bildes in kürzester Zeit und ist individuell einstellbar. Trotzdem sollte man sich hier vor Augen halten, dass man aktiv etwas am Bild ändert. Dunkle Bereiche können auf diese Weise zwar optimal aufgehellt werden. Das kann häufig aber auch zu viel des Guten sein! Die hellen Bildbereiche stechen hier dann umso mehr hervor. Das wirkt ab einem gewissen Grad nicht mehr ästhetisch. Deshalb sollte man generell eher vorsichtig mit dieser Funktion umgehen.

Lichtempfindlichkeit

Auch beim Smartphone lässt sich die ISO-Empfindlichkeit einstellen. Sie beschreibt die Lichtempfindlichkeit beim Fotografieren. Eine Erhöhung des Wertes birgt nicht immer Vorteile. Die Verstärkung reduziert im Gegenzug die Belichtungszeit. Das betrifft natürlich auch die Bildinformationen, die je Bild ermittelt werden. Auch Störsignale, wie Streifen im Bild und Bildrauschen werden hiermit begünstigt. Deshalb sollte man die voreingestellte ISO-Empfindlichkeit beibehalten, um gute Aufnahmen zu erzielen.

Weißabgleich

Der Weißabgleich sorgt generell für die korrekte Darstellung der Farben. Weiße Flächen sollen auch so aussehen, während schwarze Flächen ebenfalls so wirken müssen. Jede Lichtquelle hat eine andere Farbgebung. Deshalb ist es wichtig, dass die Kamera im Smartphone diese auch erkennt. Immerhin sollen die richtigen Farben an eine dritte Person weitergegeben werden. Man sagt jedoch: Je niedrigere eine Farbtemperatur ist, desto höher wird der Rotstich. Das möchte man sicherlich nicht erreichen. Es geht darum, den Farbstich von Anfang an zu vermeiden. Deshalb empfehlen sich die Voreinstellungen des Smartphones. Hier kann man bequem zwischen Lichtquellen wählen. Trotzdem ist es einfacher, den automatischen Weißabgleich zu verwenden. Er ist in den meisten Fällen recht zuverlässig. So macht man nichts falsch und verstellt die Kamerafunktionen nicht.

Panoramamodus

Wer kennt es nicht? Man ist unterwegs, sieht eine schöne Landschaft und möchte diese so schnell wie möglich ablichten. Trotzdem hat man keine Spiegelreflexkamera mit entsprechendem Objektiv dabei. Das Smartphone schafft hier die perfekte Alternative. Die neuesten Smartphones verfügen über einen Panoramamodus. Durch ein leichtes Bewegen des Handys lassen sich große Szenen einfangen. Diese gehen selbstverständlich über das normale Format von 4:3 hinaus. Serienbilder werden hierbei nur aneinandergereiht, sodass ein breites Bild entsteht.

Motivprogramme

- Auch Motivprogramme können von Vorteil sein. Hierbei spielt man nicht nur mit der Belichtung des Bildes. Auch die Funktionalität eines Bildes wird hier dargestellt. Gängige Funktionen sind:
- Makro: Nahaufnahme -> ähnlich wie Porträt, Fokus auf Detail
- Action: Bewegtbilder -> Fokuspunkt im Voraus festlegen, der Rest ist verschwommen
- Porträt: Gesichtsbild -> geht maximal bis zur Brust
- Sonnenuntergang: Verwendung intensiver Farben
- Schnee: Nutzung des automatischen Weißabgleichs

Bildeffekte

Jeder hat schon einmal mit Filtern gearbeitet. Diese sind nicht nur bei Snapchat und Co. verfügbar. Auch die Kamera des Smartphones verfügt über einige Filter, die bei der richtigen

Anwendung ein schönes Bild zaubern können. Man kann ein Motiv in eine Zeichnung umwandeln.

Dann werden die Konturen nachgezeichnet und das Ergebnis ist eine perfekte Nachzeichnung. Auch Fischaugen-Effekte und Verfremdungen sind nicht ausgeschlossen. Bei der Farbgebung kann man auch vieles verändern. Von einem Schwarzweißbild bis hin zu einer Aufnahme mit einem Farbstich ist alles möglich.
Man sollte sich deshalb auch als Anfänger ausprobieren. Nach wenigen Schnappschüssen ist man bereits in der Materie und findet Freude am Fotografieren.

Selbstauslöser

Heutzutage empfiehlt sich die Verwendung des Selbstauslösers. Hier wählt man einen Zeitrahmen, nach dem das Bild entstehen soll. Man findet Zeit, sich richtig zu positionieren und gerät so weniger in Stress. Deshalb ist der Selbstauslöser beim Erschaffen von

Selfies sehr beliebt.
Das Intervall der Auslösung ist von 2 bis 10 Sekunden einstellbar. Oftmals sind die vollen 10 Sekunden nicht nötig. Das hängt von der Menge der Personen ab, die beispielsweise bei einem Selfie zu sehen sein sollen. Mit der Zeit hat man den Dreh schnell raus.

3. Fotografie mit Spiegelreflexkameras

Beginnen wir mit dem vielseitigsten und ausbaufähigsten Kameramodell. Spiegelreflexkameras, ob analog oder digital, haben alle eine Gemeinsamkeit: und zwar befindet sich zwischen Sensor und Objektiv ein klappbarer Spiegel, der das eigentliche Bild vor Ihrer Linse reflektiert. Wenn Sie den Auslöser betätigen, klappt der Spiegel nach oben und ein Verschluss öffnet sich. Das Bild wird nun auf einen Sensor projiziert, auf welchem es festgehalten wird.

Der Sensor muss dabei mit Licht versorgt werden. Die Dauer, über welche das geschieht, nennt man Belichtungszeit. Wie Sie diese für die Optimierung Ihrer Fotos nutzen können, erfahren Sie in einem späteren Kapitel. Ein weiterer Vorteil von Spiegelreflexkameras gegenüber anderen digitalen Kameras ist der, dass Sie das Objektiv wechseln können. So können Sie, selbst wenn Sie sich nur für ein Einsteigermodell entscheiden, dieses später aufwerten und ein professionelleres Objektiv aufsetzen.

Wollen Sie digitale Fotografie mit großer Ernsthaftigkeit betreiben, sollten Sie sich auf jeden Fall für eine Spiegelreflexkamera entscheiden. Die Sensoren einer jeden Spiegelreflexkamera sind jeder anderen Digitalkamera einfach haushoch überlegen. Sie sind wesentlich empfindlicher, die Darstellung detaillierter, die Auflösung besser und die Tiefen des Bildes deutlich schärfer. Des Weiteren punkten sie mit hoher Lichtempfindlichkeit und können somit selbst bei schlechten Lichtverhältnissen eine hervorragende Bildqualität liefern.

Für eine Spiegelreflexkamera müssen Sie sich als Nutzer natürlich intensiv mit deren Funktion und mit Fotografie generell auseinandersetzen. Da diese Kameras weitaus mehr Möglichkeiten als andere bieten, sind die Funktionsweisen entsprechend vielfältig. Einstellungen wie die Wahl der

Blende, Belichtungszeit und ISO-Wert, sind nur einige Optionen, die Sie haben. Auch bei anderen Digitalkameras können Sie diese Einstellungen zum Teil manuell verändern.

Mit einer Spiegelreflexkamera wählt man den Bildausschnitt primär durch einen optischen Sucher. So sieht man den Ausschnitt, den man fotografieren will real, so wie er wirklich ist. Darüber hinaus verfügen fast alle Kameras über ein elektronisches Display. Aufgrund ihrer Bauweise können Spiegelreflexkameras sehr schnell auf die Handlungen des Benutzers reagieren. Der Autofokus reagiert auch bei schlechten Lichtverhältnissen zuverlässig. Bei einer Kompaktkamera muss man sich mitunter ein bisschen mehr gedulden, bis sich der gewünschte Bereich scharf gestellt hat. Wenn Sie also darauf Wert legen, dass Ihre Kamera besonders schnell reagiert, ist eine Spiegelreflexkamera empfehlenswert. Dies könnte zum Beispiel der Fall sein, wenn Sie Sport- oder Tierfotografie betreiben wollen. Die Funktion der Serienbilder gibt es bei anderen Kamera natürlich auch. Spiegelreflexkameras haben bei der Serienbildgeschwindigkeit aber eindeutig die Nase vorn. Die bisher genannten Kriterien könnten in den nächsten Jahren allerdings schon nicht mehr zutreffen, da die Entwicklung der Systemkameras immer weiter aufholt. Das manuelle Scharfstellen eines bestimmten Bildausschnittes ist übrigens ein weiterer Vorteil von Spiegelreflexkameras, mit dem sich prima experimentieren lässt. Schärfentiefe ist ein weiterer Pluspunkt der Spiegelreflex-Modelle. Der Sensor hat einen Einfluss auf die Schärfentiefe. So können Sie zum Beispiel das Hauptmotiv im Bild scharf drehen und den Hintergrund verschwimmen lassen oder umgekehrt. Der Sensor von Kompaktkameras hingegen ist meist zu klein, um die Schärfentiefe als Stilmittel einsetzen zu können.

Wie gesagt, bieten Spiegelreflexkameras die Möglichkeit, eine Vielzahl unterschiedlichster Linsen auf die Kamera zu setzen. Für führende Hersteller wie Canon und Nikon gibt es mittlerweile eine Auswahl von über hundert Objektiven. Dabei muss es nicht immer das teure Objektiv des Originalherstellers sein.

Auch Drittanbieter haben inzwischen eine hohe Qualität erreicht. Hier sind vor allem Tamron und Sigma zu nennen. Auch Systemkameras verfügen zum großen Teil über wechselbare Objektive, die Qualität und Auswahl lässt hier im Moment aber noch zu wünschen übrig.

Schon allein, wenn man eine Spiegelreflexkamera in der Hand hält, fotografiert man einfach anders. Durch den optischen Sucher ist der eigene Blick viel geschärfter. Man nutzt beide Hände, um die Kamera zu bedienen. So liegt sie viel stabiler in der Hand und lässt sich besser kontrollieren als beispielsweise eine Kompaktkamera. Die Herangehensweise beim Fotografieren ist einfach eine völlig andere.

Kommen wir zu etwaigen Abstrichen, die man beim Kauf einer Spiegelreflexkamera machen muss. Größe und Gewicht sind hier wahrscheinlich mit Abstand der größte Nachteil. Vor allem, wenn man noch weitere Objektive mitnehmen möchte, kann die Kameratasche ziemlich schwer werden.

Weiterhin ist die Schärfentiefe, von der wir bereits gesprochen haben, nur bei bestimmten Aufnahmen vorteilhaft. Möchte man hingegen zum Beispiel ein weitläufiges Motiv abbilden, bei dem Objekte sowohl im Vordergrund als auch im Hintergrund scharf sein sollen, ist das mit der Spiegelreflexkamera eher schwierig zu bewerkstelligen. Man müsste hierzu die Blende weiter schließen, was aber wiederum dazu führt, dass weniger Licht vorhanden ist und verwackelte Bilder entstehen, die sich nur schwer durch andere Einstellungen korrigieren lassen.

Spiegelreflexkameras sind auch viel eher für Staub und Schmutz anfällig als andere Kameras. Das kommt vor allem daher, dass das Objektiv gewechselt werden kann und das Gehäuse der Kamera Räume frei lässt, und dadurch Staub eindringen kann. Die Pflege einer Spiegelreflexkamera nimmt daher etwas Zeit in Anspruch, ist aber dank moderner Reinigungskits leicht zu bewerkstelligen.

Fassen wir also noch einmal zusammen, für wen Spiegelreflexmodelle geeignet sind:

- Berufs- oder ambitionierte Hobbyfotografen, die eine hohe detaillierte Auflösung und Tiefenschärfe benötigen und auch bei schlechten Lichtverhältnissen maximale Ergebnisse erzielen wollen
- Fotografen, die einen extrem schnellen und präzisen Autofokus brauchen
- Fotografen, die Wert auf eine hochwertige und breite Objektivauswahl legen
- Experimentierfreudige Fotografen, die auch Freude an Technik mitbringen

Grundlegende Einstellungen der Spiegelreflexkamera

Die Fotografie für Anfänger kann auch mit einer Spiegelreflexkamera erprobt werden. Sicherlich ist ein solches Gerät ein ganz anderes als eine Smartphone-Kamera. Nicht nur die Größe des Gehäuses, sondern auch die verschiedenen Objektive und Blenden können anfangs einschüchternd wirken. Trotzdem sollte man am Ball bleiben. Verglichen mit den üblichen Digitalkameras verfügen Spiegelreflexkameras über umfangreichere Optionen. Das Zoomen wird zur Leichtigkeit. Pixel und Streifen kommen auch nicht vor. Natürlich kann auch hierbei das Bild verwackeln. Mit den Tipps bezogen auf die Smartphones schafft man auch bei dieser Art der Fotografie eine Basis für das weitere Vorhaben. Stillhalten und sich mit den Funktionen vertraut machen ist ein Muss!

Folgende Aspekte sollten noch genauer betrachtet werden:

Licht

Das Licht ist das A und O für eine perfekte Aufnahme. Ohne eine entsprechende

Lichtquelle kann kein Foto entstehen. Der Einfluss des Lichts lässt sich über die Blende, die Verschlusszeit und den ISO-Wert regulieren. Ersteres kann komplett geöffnet sein, sodass das gesamte Objektiv eine Aufnahme erwirbt. Eine geschlossene Blende lässt dementsprechend kein Licht einfließen. Die Verschlusszeit regelt die Funktionalität der Blende. Ob sie schnell oder langsam geschlossen werden soll, hängt von dem Motiv ab. Das hat man mit der Zeit jedoch raus. Der ISO-Wert bestimmt hingegen über die allgemeine Lichtempfindlichkeit. Diese Funktion kann man automatisch von der Kamera selbst regeln lassen. So erspart man sich unnötigen Aufwand.

Blende

Die Blende bestimmt nicht nur über die Lichtempfindlichkeit, sondern auch über die Tiefenschärfe. Je nach Einstellung kann das Bild körnig wirken oder aber einwandfrei aussehen. Das liegt an der Intention des Fotografen. Bei Dunkelheit sollte natürlich mehr Licht ins Spiel kommen. Deshalb öffnet man die Blende so weit wie möglich. Ist es hingegen hell, so kann man die Blende deutlich schließen. Die Tiefenschärfe kommt zum Einsatz, wenn man ein bestimmtes Objekt fokussieren möchte. Der Rest im Bild ist dann sozusagen verschwommen. Hierbei gilt, dass eine zunehmend offene Blende für eine geringe Tiefenschärfe verantwortlich ist.

Verschlusszeit

Die Verschlusszeit bestimmt über den Zeitraum der Belichtung. Beim Betätigen des Auslösers öffnet und schließt sich ein imaginärer Vorhang. Je nachdem, wie schnell das passiert, nimmt die Kamera entsprechend Licht auf. Im Idealfall funktioniert dieser Ablauf unter einer Sekunde. So kann man auch bei schlechten Lichtverhältnissen perfekte Bilder knipsen. Hierzu ist nur eine lange Verschlusszeit notwendig. Andererseits kontrolliert man mit der Verschlusszeit die Anzeige der Bewegung in einem Bild. Soll alles versteinert wirken, so wählt man eine geringe Verschlusszeit. Möchte man das hingegen eher dynamisch aufgreifen, so ist es sinnvoll, eine lange Verschlusszeit zu verwenden. Generell sollte hier die Dynamik an verschwommenen Elementen deutlich werden.

ISO-Lichtempfindlichkeit

Die ISO-Lichtempfindlichkeit regelt auch die Körnung. Je höher der Wert ist, desto anfälliger ist das Motiv für Licht. Hat man also wenig Licht, so sollte man die Anzahl erhöhen. Trotzdem erhöht sich mit zunehmendem Wert der ISO-Lichtempfindlichkeit die Körnung. Es kommt zu unschönen Pixeln, die man nicht sehen möchte. Diese lassen sich auch nur schwer retuschieren. Eine niedrige ISO-Lichtempfindlichkeit ist vollkommen normal, wenn bereits gute Lichtverhältnisse vorliegen. Man rechnet hier mit einem Wert von 200.

Erweiterungen

Fotografie für Anfänger kann auch schnell in einer neuen Leidenschaft enden. Deshalb schafft man sich nach einer gewissen Zeit gern Erweiterungen an, die die Funktionalität des Geräts komprimieren. Von einem neuen Objektiv mit einem besseren Zoom bis hin zu einem verstellbaren Stativ bietet der Markt allerlei Zubehör. Je nach Marke bzw. Hersteller wird man für die heimische Spiegelreflexkamera fündig. Dennoch sollte man derartige Käufe nicht unterschätzen. Kleinste Objektive und sogar günstige Stative können preislich in ganz verschiedene Richtungen gehen. Während man für ein Stativ mit einem Geldwert ab 20,00 € rechnet, sieht das bei den Objektiven anders aus. Diese beginnen ab einem Preis von 500,00 €, wenn man eine entsprechende Qualität erwartet.

Was sollte beim Kauf einer Spiegelreflexkamera beachtet werden?

Der Kauf einer Spiegelreflexkamera ist heutzutage ganz einfach. Viele Modelle sind erhältlich. Jedes einzelne bietet verschiedene Funktionen. Die grundlegenden Funktionen wie Zoom und die Einstellung der Modi sind jedoch immer verfügbar. Deshalb stellt sich die Frage, welche Aspekte man beim Kauf wirklich beachten sollte. Schließlich möchte man nicht die Katze im Sack erwischen. Im Allgemeinen sollte die Spiegelreflexkamera folgende Eigenschaften bieten:

Bildqualität

Als erstes sollte man natürlich auf die Auflösung der Bilder achten. Wie viele Megapixel schafft die Spiegelreflexkamera? Gute Modelle bringen es bis zu 24 Megapixel je Aufnahme. Dementsprechend hoch ist die Auflösung. Perfekte Ergebnisse sind garantiert. Aber auch die Amateurkameras reichen bereits aus, um gute Bilder zu knipsen. Als Maßstab sollten mindestens 7 Megapixel gegeben sein.

Bedienbarkeit

Die Spiegelreflexkamera sollte leicht verständlich sein. Das Menü sollte man jederzeit aufrufen können. Auch der Auslöser muss über eine entsprechende Größe verfügen. Auch die Rädchen für die Belichtungszeit und die Öffnung der Blende müssen reibungslos funktionieren. Das genaue Hinschauen vor dem Kauf lohnt sich wirklich!

Schnelligkeit

Natürlich sollte auch der Ablauf einer Aufnahme schnell erfolgen. Schließlich möchte man oftmals mehrere Bilder in Folge knipsen. Eine zu lange Zeit der Anzeige kann hier schon für deutlich schlechtere Aufnahmen sorgen.

Display

Andererseits muss auch das Display so groß sein, dass man die Aufnahme grob erkennen kann. Details sind selbstverständlich nur durch zoomen erkennbar. Am Computer geht das jedoch wesentlich schneller. Das Display soll lediglich als gelegentliche Anzeige der Aufnahmen dienen. Hiermit stellt man fest, ob ein Bild scharf oder unscharf wirkt. Anschließend kann man je nach Zufriedenheit noch eine Aufnahme knipsen. Zudem zeigt das Display sowohl die verwendeten Modi als auch den aktuellen Stand des Akkus an. Auch die Öffnung der Blende kann hiermit kurz und knapp veranschaulicht werden. Mit einem großen Display hat man demnach alles Wichtige im Blick.

Autofokussystem

Nicht jede Spiegelreflexkamera verfügt über ein Autofokussystem. Dies ist speziell dann wichtig, wenn mehrere Aufnahmen, die aufeinander folgen, wirklich scharf sein sollen.

Hierbei ist es eher unschön, wenn ein Bildelement unnütz verschwommen aussieht. Der Autofokus korrigiert dies jedoch schon beim Auslösen des Bildes. So kommt es deutlich weniger zu verschwommenen Aufnahmen. Speziell bei der Fotografie für Anfänger ist diese Funktion von Vorteil.

Handhabung

Selbstverständlich muss eine Spiegelreflexkamera handlich sein. Das Modell sollte gut in der Hand liegen. Eine ergonomische Form hat hier deutliche Vorteile. Damit rutscht die Kamera garantiert nicht aus der Hand! Da Spiegelreflexkameras auch über ein gewisses Gewicht verfügen, ist die Handlichkeit umso wichtiger. Bei langen Shootings darf das Gerät den Arm nicht allzu sehr belasten. Sollte das der Fall sein, so entstehen schnell schlechte bzw. verwackelte Aufnahmen. Um das zu verhindern, ist es wichtig, die Geräte auch vor dem Kauf in die Hand zu nehmen. Dadurch ist man sich sofort im Klaren, was man sich anschafft.

Akkulaufzeit

Die Akkulaufzeit ist ebenfalls wichtig. Anfangs liegt diese bei den meisten Modellen bei 4 bis 5 Stunden. Mit der Zeit schwankt diese Angabe jedoch, da der Akku immer schwächer wird.
Das Verwenden eines Wechselakkus macht deshalb Sinn, wenn man die Funktionalität der Akkus erhalten möchte.

Wechselobjektive

Jede Spiegelreflexkamera verfügt über separate Wechselobjektive. Manche sind nur für bestimmte Hersteller verwendbar. Andere hingegen sind für mehrere Marken nutzbar. Deshalb sollte man sich auch darüber im Voraus informieren.

Die Objektive sind an sich immer gleich, da die Funktionen immer dieselben sind. So gibt es Weitwinkelobjektive oder auch spezielle Zoomobjektive.
Der Kreativität beim Fotografieren für

Anfänger sind also keine Grenzen gesetzt. Trotzdem sollte man auch hierbei nicht zu viel Geld ausgeben. Auch günstige Objektive sind in der Lage, die jeweilige Funktion bestens zu veranschaulichen.

2. Fotografie mit Digitalkameras

Schnelles Knipsen erwünscht

Digitalkameras sind auch heute noch sehr bekannt. Sicherlich gibt es ständig neue Modelle. Trotzdem greifen die meisten Menschen auf die alten Modelle zurück. Warum ist das so? Ganz einfach! Die alten Digitalkameras verfügen über die wesentlichen Funktionen. Hier hat man unwichtigen Schnickschnack weggelassen.

Aufnahmegeschwindigkeit und weitere Aspekte

Natürlich hat sich die Aufnahmegeschwindigkeit innerhalb der letzten Jahre deutlich verbessert. Heutzutage funktioniert der Auslöser genau in dem richtigen Moment. So verpasst man niemals den Zeitpunkt, den man wirklich aufnehmen wollte. Das Ergebnis zeigt sich in den präzisen Bildern. Sie sind genau auf den Punkt geknipst worden! Das schaffen alte Digitalkameras bestimmt nicht. Trotzdem hatten auch die damaligen Modelle ihren Reiz. Die anfängliche Technik war zwar nicht perfekt. Dennoch kam es hier viel öfter zu sogenannten „Zufallsbildern". Es entstanden einmalige Aufnahmen, die weniger gestellt gewirkt haben. Heutzutage geht es nur darum, wie man in dem Moment steht oder was man auf einem Bild macht. Die wirklichen Emotionen geraten in den Hintergrund. Um jedoch nochmals auf die Aufnahmegeschwindigkeit zurückzukommen, lassen sich 4 typische Merkmale feststellen.

1. AUFNAHME

Die Aufnahmebereitschaft spielt natürlich eine wichtige Rolle, wenn es um perfekte Aufnahmen geht. Diese bringt häufig der Zufall hervor. Deshalb ist das Fotografieren für Anfänger sehr interessant. Immer dann, wenn man mit einer eher schlechten Aufnahme rechnet, wendet sich trotz allem alles zum Guten um. Was versteht man jedoch unter dem Begriff „Aufnahmebereitschaft"? Hiermit ist also der Zeitraum nach dem Einschalten gemeint, den die Digitalkamera benötigt, um ein Bild anfertigen zu können.

2. FOKUS BITTE!

Das kennt doch jeder! Da möchte man die Aufnahme machen, die man vor seinem geistigen Auge sieht und dann fokussiert die Digitalkamera nicht richtig. Das, was scharf sein soll, wirkt eher verschwommen, wenn nicht sogar komplett verzerrt. Das ist nicht der Leitgedanke des Fotografen gewesen! Das ruhige Halten des Geräts schafft hierbei schon Abhilfe. Lieber alles ruhig und gelassen angehen, als hektisch auf den optimalen Fokus zu warten. Wie definiert man den Begriff

"Fokussiergeschwindigkeit"? Ganz einfach! Es ist der Zeitraum, den die Digitalkamera braucht, um ein Bild automatisch scharf zu stellen. Im Idealfall liegt diese Zeit unter 5 Sekunden. Immerhin möchte man nicht zu lange auf einen entsprechenden Schnappschuss warten müssen.

3. AUSLÖSER NOCH ANWESEND?

Wer kennt es nicht? Der Auslöser hat einen kleinen Defekt und löst im falschen Moment aus. Das Ergebnis ist auch hier ein verzerrtes bzw. verschwommenes Bild. Natürlich kann das in den ersten Versuchen durchaus passieren. Trotzdem ist es wichtig, zu wissen, wie man das vermeiden kann. Das regelmäßige Kontrollieren der Einstellungen und die Reinigung der Digitalkamera sind natürlich das A und O. Was versteht man also unter der „Auslösezeit"? Das ist der Zeitraum zwischen der Betätigung des Auslösers und der wirklichen Bildaufzeichnung. Sprich, wann und wie schnell kommt es zur Aufnahme? Dieser Punkt wurde innerhalb der letzten Jahre stark bearbeitet. Es geht heutzutage um das perfekte Arbeiten einer Digitalkamera. Defekte möchte man vermeiden, während sinnvolle Funktionen, wie die Auslösezeit, optimiert werden. Kundennutzen erfüllen. Das ist das Ziel der großen Marktführer!

4. WEITERE AUFNAHMEN ERWÜNSCHT!

Selbstverständlich möchte man als Anfänger nicht nur ein Bild schießen. Mehrere Aufnahmen sollen nacheinander reibungslos geknipst werden können. Deshalb muss die Digitalkamera die Bilddaten schnell

verarbeiten können. Nur so kann das nächste Bild folgen. Was ist die „Bildfolgezeit"? Dieser Begriff beschreibt den Zeitraum im Anschluss der Aufnahme, nach dem ein weiteres Bild folgt.
Hochwertige Digitalkameras sind heutzutage jedoch schon vergleichbar mit analogen Spiegelreflexkameras. Beide verfügen über ähnliche, wenn nicht sogar über eine gleiche Aufnahmegeschwindigkeit.

Was sollte beim Kauf einer Digitalkamera beachtet werden?

Der Kauf einer Digitalkamera ist nicht mit Leichtigkeit zu betrachten. Jedes Modell birgt seine Vor- und Nachteile. Das muss jedoch nicht heißen, dass man in jedem Gerät gleich das Schlechte sehen muss. Generell hat man hingegen festgestellt, dass ältere Modelle von

Digitalkameras beliebter sind als die neuen. Die neuen Modelle haben viele Funktionen, die im Gebrauch der Digitalkamera eher weniger zum Einsatz kommen. Auf folgende Aspekte kommt es beim Kauf an:

Bildauflösung

Bei der Bildauflösung geht man generell von Pixeln aus. Hierbei ist jedoch nicht mehr gleich besser. Mehr Pixel stehen für eine höhere Auflösung der Bilder. Details werden also genauer abgebildet. Dennoch ist der Eindruck eines Bildes mit geringerer Auflösung reeller. Die Frage ist, was man mit den Ergebnissen machen möchte. Wenn eine Bearbeitung am PC gemacht werden soll, dann ist es eher kontraproduktiv, wenn die Auflösung die des Bildschirms übersteigt. Eine Auflösung von 2 bis 3 Megapixeln reicht hierfür vollkommen aus. Sollen hingegen eher Fotos gedruckt werden, so kann man gleich eine Digitalkamera mit entsprechender Auflösung besorgen. Hierfür benötigt man kaum mehr als 6 Megapixel. Daher sollte man vor dem Kauf die gespeicherten Testbilder möglichst genau ansehen und über den persönlichen Verwendungszweck entscheiden.

Zoom

Speziell beim Fotografieren für Anfänger ist es wichtig, dass man sich die Bilder genauer ansieht. Daher ist die Zoom-Funktion nicht weg zu denken. Damit holt man sich die Details hervor und kann diese betrachten. Auch die Bildqualität kann dadurch beurteilt werden. Finden sich Pixel im Bild? Das ist normal! Beim Zoom von Digitalkameras kommt es aufgrund der fehlenden Details zu Unschärfe. Das liegt daran, dass die Digitalkamera nur zum Schein versucht, eine geringere Entfernung darzustellen. Das eigene Empfinden ist dennoch wichtiger. Das geistige Auge kann solche Bilder schneller zusammenfügen und ein klares Urteil darüber fällen. Ob es sich um eine gelungene Aufnahme handelt, entscheidet man also selbst.

Display

Da Digitalkameras auch heute noch im technischen Wandel sind, ist es nicht verwunderlich, dass jährlich neue Modelle ihren Platz in den Regalen finden. Speziell die Größe des Displays schwankte in den letzten Jahrzehnten extrem. Während es damals noch recht kleine Anzeigen waren, sind diese heute dreimal so groß. Das variiert von Modell zu Modell. Trotzdem macht ein großes Display durchaus Sinn. Hier sind die einzelnen Einstellungen bzw. Funktionen schneller auf Abruf vorhanden. Die optimale Bildschirmdiagonale liegt bei 2,5 bis 3 Zoll. Fotografieren für Anfänger wird hingegen auch mit 2 Zoll in der Diagonale möglich. Die Auflösung sollte nicht unter 300.000 Pixeln liegen. Höhere Auflösungen sind natürlich noch besser.

Speicher

Eine Digitalkamera kann so viele Bilder wie möglich machen. Hierzu muss lediglich genug

Speicherplatz zur Verfügung stehen. Dieser füllt sich jedoch enorm, wenn man mit einer hohen Bildauflösung arbeitet. Deshalb sollte man eine umso größere Speicherkarte parat haben, falls der Platz nicht reicht. Speicherkarten sind heutzutage schon zu relativ günstigen Preisen verfügbar. Deshalb lohnt es sich auch, mehr Geld zu investieren, wenn man die Leidenschaft zum Hobby gefunden hat. Ein paar Gigabyte Speicherplatz mehr bekommt man schon für einen Aufschlag von 10€. Dieser Preisunterschied liegt häufig zwischen den verschiedenen Speicherchips vor.

Stromversorgung

Ein anderer wichtiger Punkt liegt in der Stromversorgung. Der Strom wird meistens in den unangebrachtesten Momenten zu knapp. Deshalb müssen Ersatzakkus dringend angeschafft werden. Schließlich kann man den Akku unterwegs nicht einfach so laden. Das Kameradisplay ist für die meiste Stromreduzierung verantwortlich. Auch der

Energiesparmodus ist hier nicht immer die effektivste Lösung. In der Fotografie für Anfänger ist es zunächst sinnvoll, mit Akkus zu arbeiten. Sie sind nicht nur praktischer, sondern auf Dauer auch wesentlich günstiger. Natürlich sind auch Batterien je nach Modell möglich. Auf Dauer wird es jedoch nervig, diese kleinen Nützlinge anzuschaffen.

Automatische Bildbearbeitung

Speziell für Anfänger ist es schwer, Bilder selbstständig zu korrigieren. Neue Digitalkameras übernehmen diese Aufgabe automatisch. So spart man nicht nur Zeit, sondern weiß auch, dass man gute Aufnahmen hat. Beim Kauf kann man deshalb speziell nach dieser Funktion Ausschau halten.

Systemkameras

Als Systemkameras werden normalerweise solche bezeichnet, die keinen Spiegel besitzen. In allen anderen Funktionen gleichen Systemkameras aber weitestgehend den Spiegelreflexkameras. Das Licht, welches durch das Objektiv fällt, wird bei Systemkameras direkt auf den Sensor übertragen. Das führt qualitativ noch zu Abstrichen gegenüber den Spiegelreflexkameras. In den kommenden Jahren ist aber zu erwarten, dass die Qualität die gleiche sein wird.
Ein Vorteil ist übrigens bereits die Geräuschlosigkeit. Mit einer Systemkamera fällt ein Fotograf viel weniger auf, wenn er unbeobachtet fotografieren möchte, denn der elektronische Verschluss der Systemkamera ist völlig lautlos.

Das Fehlen des Spiegels macht eine Systemkamera wesentlich kompakter und oft auch leichter und kleiner. Beim Transport haben Sie daher einen wesentlichen Vorteil gegenüber einer Spiegelreflexkamera. Auch auf eine Systemkamera lassen sich verschieden Objektive je nach Bedarf aufsetzen, wobei die Auswahl noch relativ begrenzt ist.

Viele Systemkameras verfügen nicht mehr über einen optischen Sucher. Das Motiv ist nur auf dem Display zu sehen, was einem richtigen Fotografen allerdings nicht gefallen dürfte, denn er will das Motiv mit eigenen Augen sehen, wenn er es festhält. Durch den fehlenden Sucher verbraucht eine Systemkamera auch relativ viel Akkuleistung. Schließlich muss das Display immer mit Strom versorgt werden, wenn man etwas sehen will. Elektronische Sucher bringen natürlich auch Vorteile mit sich.
Man sieht direkt, welche Auswirkung es auf das Bild hat, wenn man Einstellungen wie Blende, Belichtungszeit oder ISO-Wert verändert. Optimiert man hier die Einstellungen, sieht man die Veränderung sofort auf dem Display.

Darüber hinaus haben Sie mit einer

Systemkamera im Grunde genommen alle Möglichkeiten, die Sie mit einer Spiegelreflexkamera auch haben.

Alle Einstellungen lassen sich manuell regulieren. Besonders gute Modelle gehen sogar noch viel weiter und bieten eine Reihe von Features, die Sie normalerweise erst bei der Nachbearbeitung der Fotos am PC eingesetzt hätten. Nur bei der qualitativen Umsetzung der Bilder hinken Systemkameras noch ein bisschen hinterher. Für den Laien, der zuvor nur mit Kompaktkameras hantiert hat, ist dieser Qualitätsunterschied jedoch kaum wahrnehmbar.

Die Auswahl der Objektive für Systemkameras ist noch etwas beschränkt, da die Art der Kamera noch relativ jung ist. Von Canon und Nikon gibt es aber bereits eine gute Auswahlmöglichkeit.
Auch Drittanbieter versuchen mitzuhalten. Die Objektive lassen sich problemlos an diverse Modelle andocken, die Qualität ist aber natürlich nicht ganz so gut, wie die der Originalhersteller. Auch sind die Modelle von

Drittanbietern meist schwerer. Einige Objektive für Spiegelreflexkameras lassen sich übrigens auch an Systemkameras anbringen.

Da noch relativ neu auf dem Markt, sind Systemkameras noch recht teuer, zumindest wenn man sie mit gleichwertigen Spiegelreflexkameras vergleicht. Möchte man eine Systemkamera haben, die einem Spiegelreflex-Modell ebenbürtig ist, muss man schon sehr viel Geld investieren. In diesem Fall zahlt man für den elektronischen Sucher und den schnellen Autofokus, der bei vielen Systemkameramodellen noch nicht so gut entwickelt ist.

Für wen ist eine Systemkamera schlussendlich also empfehlenswert? Fassen wir noch einmal zusammen:

- Fotografen, die von einer Kompaktkamera auf eine professionellere Kamera umsteigen wollen
- Fotografen, die einen Ausgleich zwischen leichter Transportfähigkeit der Kamera und qualitativ hochwertigen Bildern suchen
- Fotografen, die die elektronischen Vorteile und Features auch wirklich nutzen wollen

Kompaktkameras

Wie der Name schon sagt, ist diese Art Kamera äußerst kompakt gebaut. Objektivwechsel lassen sich daher nicht vornehmen. Kompaktkameras sind sehr klein, handlich und leicht, passen also in jede Jacken- und Hosentasche hinein. Wer sich eine solche Kamera zulegt, tut dies meist, um sich eben nicht mit fototechnischen Besonderheiten und Einstellungen herumschlagen zu müssen.

Die automatischen Funktionen sind die Präferenz. Voreinstellungen für Natur-, Panorama- oder Porträtaufnahmen sind alle bereits gegeben, man muss sie nur auswählen. Manuelle Einstellungen sind aus diesem Grund natürlich sehr beschränkt und dies wird die meisten Nutzer auch nicht weiter stören. Sie wählen das Motiv, drücken den Auslöser und fertig! Dabei kann nicht viel schiefgehen.

Die Bedienung ist für jeden leicht verständlich.

Symbole weisen den Weg. Ein Objektivwechsel ist, wie bereits gesagt, nicht möglich. Trotzdem weisen die Kompaktkameras einen weiten Spielraum an unterschiedlichsten Motivsituationen auf, die Sie festhalten können.

Für eine bestmögliche Landschaftsaufnahme müsste man bei einer Spiegelreflexkamera zum Beispiel erst einmal das Objektiv wechseln. Bei einer Kompaktkamera ist das nicht nötig. Flexibler als mit einer Kompaktkamera können Sie also kaum unterwegs sein. Der Preis ist natürlich ein weiterer Vorteil, denn Kompaktkameras sind im Gegensatz zu anderen Modellen sehr viel günstiger.

Doch auch Nachteile sind zu nennen. Die technische Qualität der Bilder ist begrenzt. Die Auflösung und Tiefenschärfe kann mit Spiegelreflex- und Systemkameras absolut nicht mithalten.
Der Sensor der Kameras ist hierfür einfach zu klein. Bilder lassen sich natürlich im Nachhinein digital bearbeiten, dabei wird man

aber niemals auch nur ansatzweise die Qualität erreichen, die andere Kameras schon bei der Aufnahme schaffen.

Wer sollte sich also zusammenfassend für eine Kompaktkamera entscheiden?

- Menschen, die ihren Alltag und ihre Erinnerungen lediglich festhalten wollen, jedoch eine bessere Qualität als mit ihren Smartphones erzielen wollen
- Fotografen, die eine schnell griffbereite und leichte Kamera zusätzlich zu ihren professionellen Modellen suchen

Blende

Kommen wir nun zu den technischen Details, mit denen Sie sich für die Bedienung Ihrer Spiegelreflex- oder Systemkamera vertraut machen sollten. Auch wenn Sie noch keine solche Kamera besitzen, falls Sie eine Kompaktkamera haben und diese über einige der folgenden Funktionen verfügt, können Sie trotzdem experimentieren.

Beschäftigen wir uns zunächst mit der Blende Ihrer Kamera. Sicher kennen Sie diese Porträtaufnahmen, bei denen der Hintergrund verschwommen und die abgebildete Person scharf zu sehen ist. Bei solchen Bildern wird mit einer sehr geringen Schärfentiefe gearbeitet. Die Schärfentiefe bestimmt den Bereich in Ihrem Motiv, der scharf zu sehen ist. Sie konzentrieren die Schärfe nur auf einen bestimmten Bereich im Foto, und zwar mit Hilfe der Blende.
Die Blende ist einer der Faktoren, die einen großen Einfluss auf den Anteil der Schärfe im Bild hat. Generell gilt: je weiter sie geöffnet ist,

desto weniger Schärfentiefe und desto mehr Unschärfe bekommt das Bild. Und umgekehrt gilt: je weiter man die Blende schließt, desto mehr Schärfentiefe und weniger Unschärfe hat man im Foto. Probieren Sie das einmal aus und verwenden Sie unterschiedliche Werten für die Blende. Behalten Sie die Brennweite und einen konstanten Abstand zum Motiv jedoch bei. Um die Blende zu verändern, stellen Sie Ihre Kamera in den AV-Modus.

Die Blende hat neben dem Einfluss auf die Schärfentiefe jedoch auch enorme Auswirkungen auf die Belichtung des Motivs. Wenn Sie ein Motiv mit weit geschlossener Blende fotografieren, kann es passieren, dass die Aufnahme unterbelichtet oder verwackelt ist. Sie wäre also viel zu dunkel, denn je weiter man die Blende schließt, desto weniger Licht fällt auf den Sensor der Kamera. Dies können Sie jedoch korrigieren, indem Sie die Belichtung mit einem höheren ISO-Wert oder einer längeren Belichtungszeit beleuchten. Öffnen Sie die Blende weit, hat das den Vorteil, auch im Dunkeln ohne Stativ oder Blitz fotografieren zu können.

Belichtungszeit

Mit der Belichtungs- oder Verschlusszeit steuern Sie die Dauer des Lichteinfalls. Diese wird pro Sekunde angegeben. Eine Belichtungszeit kleiner als 1/60 Sekunde ist eine kurze Verschlusszeit. Dabei sollte man keinem Denkfehler unterliegen, denn kleiner bedeutet: 1/100 Sek, 1/500 Sek, 1/1000 und so weiter. Alles was darüber liegt, zum Beispiel 1/20 Sek, 1 Sek, 3 Sek und so weiter ist eine lange Verschlusszeit.

Sicher kennen Sie das, wenn das Foto verwackelt ist, obwohl Sie doch eigentlich stillgehalten haben. Diese Unschärfe entsteht bei zu langen Belichtungszeiten. Das kann man durch die Blende und den ISO-Wert korrigieren. Ist es jedoch zu dunkel oder die Lichtverhältnisse zu diffus, bleibt das Bild verwackelt, egal wie still man steht. Hier hilft nur ein Stativ. Auch verfügen viele Spiegelreflexkameras über einen Bildstabilisator. Um die Belichtungszeit zu verändern, nutzen Sie den Tv oder Sv/S-

Modus Ihrer Kamera.

Die Einstellung der Belichtungszeit werden Sie am häufigsten für Nachtaufnahmen benutzen, auf denen Sie zum Beispiel die Lichter einer Stadt einfangen wollen. Auch können Sie sie nutzen, wenn Sie schnelle Bewegungen festhalten wollen, die durch ein Verwischen erst lebendig werden. Wenn Sie zum Beispiel einen Wasserfall oder ein vorbeifahrendes Auto fotografieren, sollte die Belichtungszeit lange sein, um den Schweif der schnellen Bewegung einfangen zu können.

Was fangen Sie mit kurzen Belichtungszeiten an? Sofern Sie genügend Licht zur Verfügung haben, werden Sie mit Sicherheit ein tolles Foto im Kasten haben, wenn die Belichtungszeit kurz ist. Verwacklungen sind ausgeschlossen. Wenn Sie schnelle Bewegungen einfrieren wollen, also nicht verschwimmen lassen wollen, verwenden Sie ebenfalls eine kurze Belichtungszeit. So fangen Sie die Millisekunde eines Motivs ein, die Sie wegen der schnellen Bewegungen mit dem bloßen Auge nie hätten wahrnehmen können. Statt eines verschwommenen Wasserfalls sehen Sie jeden Tropfen nun ganz klar, und das vorbeifahrende Auto sieht aus, als würde es stehen.

ISO-Wert

Der ISO-Wert reguliert die Lichtempfindlichkeit des Sensors in der Kamera. Diesen Sensor gibt es auch in Ihrem Auge. Je nachdem, ob Ihre Umgebung hell oder dunkel ist, passt sich die Lichtempfindlichkeit Ihres Auges an. Kommen Sie von einem hellen in einen dunklen Raum, sehen Sie erst einmal nichts. Nach einer Weile hat sich Ihr Auge jedoch an die neuen Lichtverhältnisse angepasst und die Lichtempfindlichkeit erhöht. Sie sehen in dem dunklen Raum nun viel mehr als noch vor ein paar Sekunden.

ISO-Werte von 200 oder weniger stehen für eine geringe Lichtempfindlichkeit. Derartige Werte sind bestens geeignet, um in Situationen mit ausreichend Licht zu fotografieren. Beispielsweise, wenn Sie Aufnahmen an einem wolkenlosen, sonnigen Tag im Freien machen. Hierfür reicht ein ISO-Wert von 100. Falls das Wetter jedoch umschlägt und der Himmel sich plötzlich mit dunklen Wolken zuzieht, sollten Sie entweder die Blende weiter öffnen, die Belichtungszeit erhöhen oder aber den ISO-Wert. Für einen bewölkten Tag oder eine Innenaufnahme in einer mäßig beleuchteten Wohnung empfiehlt sich ein ISO-Wert von 400 bis 800. Erhöhen Sie den ISO-Wert weiter, macht das nur Sinn, wenn Sie tatsächlich keinen Blitz für Ihre Aufnahme verwenden können.

Leider hat die Erhöhung des ISO-Werts auch Nachteile für die Bildqualität. Ist das Motiv zu dunkel und wird lediglich der ISO-Wert erhöht, kommt es zum so genannten Bildrauschen, das heißt, dem Verlust von Details in der Aufnahme. Sie können natürlich die Belichtungszeit erhöhen und dafür den ISO-Wert runtersetzen, dann kann es jedoch, wie oben angesprochen, zu Verwacklungen kommen. Sie müssen also einen Kompromiss finden, um das Bestmögliche aus Ihrer Aufnahme rauszuholen.

Objektivwechsel

An dieser Stelle wollen wir uns mit den verschiedenen Objektiven befassen, die es für Spiegelreflex- und zum Teil auch für Systemkameras gibt. Kaufen Sie sich eine dieser Kameras, werden Sie vermutlich ein Normalobjektiv mitgeliefert bekommen. Dieses erhalten Sie, weil es für Einsteiger am besten geeignet ist. Normalobjektive haben eine Brennweite von 40 bis 60 mm. Die feste Brennweite ist meist auf 50 oder 55 mm festgelegt. Was heißt Brennweite? Brennweite ist der Abstand zwischen der optischen Linse oder des Spiegels und dem Fokus, also dem Brennpunkt, auf welchen das Bild projiziert wird.

Ideal ist dieser Brennweitenbereich für Anfänger, denn man bekommt weder zu wenig aufs Bild, noch wird das Bild mit Details überfrachtet. Man konzentriert sich bei einer festen Brennweite auf das Motiv selbst, statt ständig hin und her zu zoomen. So bekommt man ein Gespür für den richtigen

Bildausschnitt und die Perspektive in Abhängigkeit vom Abstand zum Motiv. Bei Einsteigermodellen hat das Normalobjektiv oft ein Zoom, der allerdings nicht sehr stark ist. Trotzdem hat ein Objektiv mit einer festen Brennweite, also ohne Zoom, durchaus von Vorteile. Besonders für Anfänger lohnt es sich, über die Anschaffung einer Festbrennweite nachzudenken, denn durch die Einschränkung ist man letztendlich dazu gezwungen, sich intensiver mit dem Blickwinkel, dem Abstand und der Perspektive zu beschäftigen. Statt zu zoomen, geht man eben ein Stück an das Motiv heran oder entfernt sich davon. Man eignet sich so schneller und intuitiv einen besseren fotografischen Blick an und bekommt ein Gefühl für die richtige Bildkomposition.

Darüber hinaus gibt es Objektive im Brennweitenbereich von 50 mm für wenig Geld. Auch die Qualität ist bei Objektiven ohne Zoom sehr viel besser. Profis fotografieren deshalb lieber mit diesen. Abgesehen vom Lernaspekt und dem günstigen Anschaffungspreis bringen

Festbrennweiten also technische Vorteile, die sich auf die Qualität der Aufnahme auswirken. Das liegt daran, dass weniger Linsen verbaut werden, so ist die Abbildungsqualität höher als bei Zoomobjektiven. Die großen und hochauflösenden Sensoren in aktuellen System– und Spiegelreflexkameras können durch Festbrennweiten erst ihr volles Potential entwickeln. Weiterhin sind diese Objektive durch ihre Bauweise viel lichtstärker als Zoomobjektive.

Wer allerdings darauf angewiesen ist, zwischen verschiedenen Brennweiten schnell zu wechseln, bekommt mit Festbrennweiten Probleme. Überall da, wo man den Abstand zum Motiv nicht selbst bestimmen kann, ist die Flexibilität logischerweise eingeschränkt. Zum Beispiel in der Sportfotografie braucht man hohe Flexibilität, was die Brennweite angeht. Ein Sportler bewegt sich schnell und seine Bewegung ist nicht vorhersehbar oder kontrollierbar. Es ist also wichtig, schnell reagieren zu können, wenn man selbst keinen Einfluss auf den Abstand des Motivs zur Kamera hat. Wer sich den Luxus mehrerer

Festbrennweiten leisten kann, sollte zudem bedenken, dass diese auch entsprechend transportiert werden müssen. Schnell reagieren können Sie auch nicht, wenn Sie erst mal nach dem passenden Objektiv suchen müssen.

Günstige und solide Zoomobjektive werden meist beim Kauf einer Spiegelreflexkamera mit beigelegt. Für Einsteiger ist ein leistungsstärkeres Objektiv noch nicht nötig. Man erhält meist ein Einsteiger-Kit, bestehend aus dem Kameragehäuse und einem Objektiv. Erst wenn Ihre Ansprüche wirklich steigen und Sie gut mit Ihrer Kamera umgehen können, sollten Sie über weitere Objektive nachdenken. Eine Kombination aus einem guten Zoomobjektiv und ein bis zwei Festbrennweiten für bestimmte Zwecke ist dann empfehlenswert.

Weitwinkel

Als Weitwinkelobjektive bezeichnet man alle Objektive mit einer sehr kurzen Brennweite. Alle Objektive mit einer Brennweite von ungefähr 10 bis 35 mm fallen in diese Kategorie. Auch hier gibt es wieder Objektive mit Festbrennweiten und solche mit Zoom, also variabler Brennweite. Man bekommt mit Weitwinkelobjektiven also sehr viel aufs Bild und hat einen großen Ausschnitt für die Bildgestaltung zur Verfügung.
Weitwinkelobjektive sind überall da sehr beliebt, wo möglichst viel aufs Bild kommen soll, man aber nicht besonders viel Raum hat, um einen großen Abstand zwischen sich und das Motiv zu bringen. Das trifft zum Beispiel auf Architektur oder in Innenräumen zu. Für die Darstellung opulenter Gebäude benötigt man kurze Brennweiten, um diese passend inszenieren zu können und, da die Häuser in einer Stadt eng stehen können, der Platz auch beschränkt ist.

Viele Fotografen, die sich der

Landschaftsfotografie widmen, haben ebenfalls ein Weitwinkelobjektiv in ihrer Ausrüstung. Für Landschaften benötigt man eher eines mit längerer Brennweite. Wirklich dramatisch wirken die Bilder aber erst durch den richtigen Gebrauch eines Weitwinkelobjektivs mit einer kurzen Brennweite. Es kommt also darauf an, wie man sein Bild inszenieren will.

Wer als Anfänger mit einem Weitwinkelobjektiv beginnt zu fotografieren, dem kann es passieren, dass er völlig überfüllte und von Details vollgepackte Bilder hat. Es fällt schwer, sich mit einem so großen Bildausschnitt auf das Wesentliche zu konzentrieren und eine passende Bildkomposition zu finden. Doch gerade bei so kurzen Brennweiten sollten Sie ein Hauptmotiv und die gesamte Komposition genau im Blick behalten. Weitwinkelobjektive reizen ihre Stärken gerade dann aus, wenn man im höchsten Maße auf die Bildgestaltung achtet. Weil sehr viel aufs Bild passt, ist auch die Gefahr viel größer, dass sich zu viele störende Bildelemente im Ausschnitt befinden.

Weitwinkelobjektive sind daher nur geeignet, wenn es darum geht, einen sinnvollen Bezug zwischen Vordergrund und Hintergrund herzustellen.

Beim Fotografieren mit Weitwinkelobjektiven erhöht sich außerdem die Gefahr, dass störende perspektivische Verzerrungen in das Bild gelangen. Man kann diesen Effekt natürlich auch für sich nutzen, wenn man abstrakter fotografieren will. Auch lässt sich der Effekt in der Nachbearbeitung zum Teil korrigieren.

Teleobjektiv

Ein Teleobjektiv beginnt ab einer Brennweite von 60 mm und kann bis zu 1000 mm oder auch mehr reichen. Die Einsatzmöglichkeiten für Teleobjektive sind daher entsprechend groß. Jedoch haben alle eins gemeinsam: sie holen weit entfernte Motive nah heran. Auch ändert sich die Tiefenwirkung erheblich. Je weiter man in den Telebereich geht, also je näher man heranzoomt, desto eher verschwimmt der Hintergrund in Unschärfe, das Hauptmotiv im Vordergrund erscheint kleiner und Dinge im Hintergrund größer.

Ein Telebereich von 70 mm bis ungefähr 100 mm eignet sich für Portraitaufnahmen. Wenn Sie in der Natur unbemerkt fotografieren möchten, sollte es ein Objektiv mit mehr als 100 mm Brennweite sein. Richtig hochwertige Teleobjektive sind baubedingt sehr teuer, allerdings gibt es auch zahlreiche Einsteigerobjektive. Ein weit entferntes Objekt ganz nah vor die Linse zu zoomen, ist natürlich ungemein praktisch. Mit unserem

Auge sehen wir weit entfernte Dinge oft größer, als Sie dann tatsächlich auf unserem Foto abgebildet sind. Dieser Enttäuschung kann ein Teleobjektiv Abhilfe schaffen.

Je weiter man in den Telebereich geht, desto wichtiger ist die Lichtstärke des Objektivs. Denn im Bereich ab 200 mm kann schon die geringste Bewegung der Kamera zu Verwacklungen führen. Logisch, denn die Linse ist dann viel sensibler. Man braucht also eine recht kurze Belichtungszeit oder eine offene Blendeneinstellung. Um dies im Telebereich zu realisieren, bedarf es sehr gut verarbeiteter Linsen, was sich auf den Preis niederschlägt. Darüber hinaus wird ein Stativ meist zur Pflichtanschaffung, schon allein, weil die meisten Teleobjektive relativ schwer und groß sind.

Makroobjektiv

Ein teures Objektiv nur für Makroaufnahmen zu kaufen, sollten sich besonders Einsteiger gut überlegen. Der Kauf eines jeden Objektivs ist immer recht teuer und das Kosten-Nutzen-Verhältnis ist beim Makroobjektiv eher unausgeglichen. Wer noch nicht genau weiß, ob er die Makro-Fotografie ambitioniert betreiben möchte, kann zum einen erst mal mit einer Vorsatzlinse experimentieren. Diese verwandelt ein Normalobjektiv in ein Makroobjektiv, einfach indem Sie die Linse auf das Objektiv montieren. Im Vergleich zu einem waschechten Makroobjektiv können solche Linsen qualitätsmäßig nur bedingt mithalten, sind allerdings nicht sonderlich preisintensiv und somit ideal zum Üben.

Es gibt auch eine zweite Alternative zur Anschaffung eines gesamten Makroobjektivs. Diese besteht aus so genannten Zwischenringen. Hierbei handelt es sich um Konstruktionen, die zwischen Objektiv und Kameraobjektivanschluss montiert werden. Je dicker diese Ringe sind, desto größer wird der Abbildungsmaßstab. Die Ringe sollten auf einen automatischen Fokus zugeschnitten sein, auch wenn Sie dann etwas teurer in der Anschaffung sind. Mit herkömmlichen Zwischenringen wird manuell fokussiert und die Blende extra eingestellt.

Soll es doch ein eigenes Makroobjektiv sein, empfiehlt sich ein Kauf mit 50 mm Brennweite. Besonders zu beachten ist in der Makrofotografie der extrem kleine Schärfebereich. Man muss zum Beispiel bei Insekten aufpassen, dass auf den richtigen Punkt am Körper fokussiert wird. Denn beispielsweise kann der Kopf scharf gestellt sein, während die Flügel oder Beine bereits wieder unscharf verschwimmen. An dieser Stelle empfiehlt es sich meist, die Blende etwas weiter zu schließen, um die ganze Libelle scharf zu stellen.

Foto-Genres

Was möchten Sie eigentlich am liebsten fotografieren? Landschaften, Menschen, Gebäude? Welches Objektiv zu welchem Motiv am besten passt, haben wir bereits zum Teil erläutert. Gehen wir noch näher darauf ein, wie Sie das Beste aus Ihrer Bildkreation rausholen und an bestimmte Motiv-Gruppen herangehen. Beginnen wir mit der Landschaftsfotografie.

Die passende Lichtstimmung für großartige Landschaftsaufnahmen findet man meist am Morgen oder Abend vor. Eben dann, wenn das Licht besonders warm und golden erscheint. In diesem Zeitraum ist das Licht diffuser, die Farbtemperatur durch Sonne wärmer und die Schatten länger und weich. Hier lässt sich so auch der beste Kontrast erzielen, da der Lichteinfall schräg ist. Zum Sonnenaufgang ist die Luft außerdem noch frisch und klar, was sich auf die Stimmung des Bildes und auf dessen Detailtiefe positiv auswirkt. Sie brauchen für Ihre ersten

Versuche keine dramatische Berglandschaft. Versuchen Sie sich doch mal am Getreidefeld neben Ihrem Haus. Suchen Sie sich bestimmte Szenerien in Ihrer Umgebung und fotografieren Sie zu unterschiedlichen Tageszeiten und Witterungsbedingungen. Vergleichen Sie die Aufnahmen dann miteinander. So bekommen Sie schnell ein gutes Gespür dafür, welche Tageszeit und welches Wetter sich in welchem Umfang auf die Bildstimmung auswirken.

In der Landschaftsfotografie gilt: was den Schärfebereich angeht, um die gesamte Landschaft scharf abzubilden, benötigen Sie eine eher geschlossene Blende. Bei Landschaftsaufnahmen sind zudem feine Details sehr wichtig, weswegen ein niedriger ISO-Wert Pflicht ist. Die Konsequenz, die sich daraus ergibt, ist eine längere Belichtungszeit, was die Verwendung eines Stativs empfehlenswert macht.

Je nach Motiv, Wahl der Perspektive und Geschmack können unterschiedliche Brennweiten in der Landschaftsfotografie nötig sein. Als erstes kommen einem Objektive im Weitwinkelbereich in den Sinn, die sehr viel von der Szenerie einfangen können. Für viele Situationen kommen diese Objektive auch durchaus in Frage. Doch selbst, wenn Sie von der schönen Landschaft möglichst viel auf dem Bild sehen wollen, kann es mitunter suboptimal sein, kurze Brennweiten im Weitwinkelbereich zu verwenden. Einzelne Details, die sehr weit entfernt sind, werden mit diesem Brennweitenbereich meist viel zu klein abgebildet. Auch ist die Gefahr groß, dass der Blick auf das Wesentliche durch zu viele Elemente auf dem Foto überfrachtet wird. Dieses Problem hatten wir ja bereits erwähnt.

Natur, Menschen und Architektur

Kommen wir zur Naturfotografie. Auch hierfür müssen Sie nicht in den brasilianischen Regenwald reisen, um exotische Vögel vor die Linse zu bekommen. Machen Sie stattdessen doch einmal einen Ausflug in den nächstgelegenen Zoo oder Wald. Hier lässt es sich prima üben. Auch bei der Naturfotografie sollte man zu bestimmten Zeiten fotografieren, um die optimale Lichtstimmung einzufangen. Spätestens, wenn man sich auf die Motivjagd nach Tieren begibt, sind diese eben nicht zu allen Zeiten anzutreffen. Die meisten sind erst im Morgengrauen und kurz vor Sonnenuntergang so richtig aktiv. Geduld ist bei der Naturfotografie wohl am aller wichtigsten, wenn es um das ablichten von Tieren geht.

Die Übergänge zwischen Landschafts- und Naturfotografie sind fließend. Ganze Naturlandschaften abzubilden ist reizvoll. Doch auf Details einzugehen, kann mitunter viel reizvoller sein. Hier empfiehlt sich ein Makroobjektiv oder eine entsprechende Linse, wie zuvor schon empfohlen wurde. In der freien Natur sind Teleobjektive unerlässlich, um das Tier aus möglichst weiter Entfernung so gut wie möglich aufs Bild zu bekommen. Je näher Sie an das Tier herangehen, desto eher wird es die Flucht antreten. Die Brennweite für Ihr Teleobjektiv sollte bei 200mm anfangen. Viele Tiere bewegen sich mitunter sehr ruckartig. Sie benötigen hier also kurze Belichtungszeiten, ganz besonders im Teleobjektivbereich. Je länger die Brennweite, desto höher ist bekanntlich die Verwacklungsgefahr. Notfalls muss der ISO-Wert erhöht werden, was allerdings zu weniger Detailreichtum und Bildrauschen führt. Sie sehen, alle Einstellungen sind miteinander verwoben und haben unmittelbare Konsequenzen auf die Aufnahme.

Wie steht es um die Porträtfotografie? Die Brennweite sollte in den meisten Fällen zwischen 50-100 mm liegen. Dies ist die ideale Brennweite, um den Fokus auf das

Hauptmotiv, den Menschen, zu legen. Es empfiehlt sich außerdem, ein Objektiv mit einer Festbrennweite zu verwenden. Dessen Blende kann weit geöffnet werden, ist somit besonders lichtstark und man kann eine geringe Schärfentiefe als Stilmittel einsetzen, denn so wird der Hintergrund unscharf.

Nehmen Sie Einfluss auf die Beleuchtung der Person. Gut geeignet ist zum Beispiel diffuses Licht, was geschmeidige, weiche Schatten wirft. Aber auch hartes, direktes Licht kann seinen Reiz haben. Experimentieren Sie mit Lichtrichtung, Farbe, Intensität und Härte. Wenn das Umgebungslicht nicht ausreicht und ein Blitz notwendig ist, versuchen Sie doch mal indirekt zu blitzen. Das haben Sie sicher schon mal beim Fotografen beobachtet. Richten Sie den Blitz lieber auf eine weiße Fläche, welche ihn zurück auf die Person reflektiert und das Licht dabei streut. Hierfür brauchen Sie natürlich ein externes Blitzgerät.

Scharfstellen sollte man immer auf die Augen, denn sie sind der wohl wichtigste Punkt in unserem Gesicht. Das Arbeiten mit einer geringen Tiefenschärfe oder weit geöffneter Blende ist in der Portraitfotografie in vielen Situationen ratsam. Experimentieren Sie auch mit Bildausschnitten, Bildformaten, Hintergründen, Umgebungen, unterschiedlichen Lichtsituationen, den Posen und der Kleidung. Ein Porträtbild wie im Personalausweis vor weißem Hintergrund ist schließlich ziemlich langweilig.

Kommen wir zur Architekturfotografie. Wichtige Grundvoraussetzung ist bei den allermeisten Motiven eine kurze Brennweite. Ein Weitwinkelobjektiv eignet sich also am besten, denn meistens möchten Sie das ganze oder zumindest sehr viel von dem Gebäude oder dem Innenraum abbilden und haben aber nicht viel Platz zur Verfügung. Ein Gebäude sollte mit einer möglichst hohen Schärfe fotografiert werden. Arbeiten Sie also bevorzugt mit der Blende. Um viele Details und viel Schärfe im Bild zu erhalten, sollte auch der ISO-Wert möglichst weit runter reguliert werden.

Wetter- und Lichtverhältnisse haben den größten Einfluss auf Ihr Motiv, sowohl in der Natur- als auch in der Architekturfotografie. Starkes Sonnenlicht führt beispielsweise zu hohen Kontrasten, aber auch zu leuchtenden Farben, diffuses Morgenlicht lässt Gebäude sanfter und matter wirken. Bei der Lichtgestaltung von Innenräumen sollten Sie sich für natürliches Licht vom Fenster entscheiden.

4. Bildbearbeitung

Sinn und Zweck der Bearbeitung

Grundsätzlich schreibt es niemand vor, welches Bild man bearbeiten sollte. Bei manchen Aufnahmen reichen jedoch schon kleinste Effekte. Im Anschluss an die Optimierung entsteht ein völlig neues Werk mit einer ganz anderen Aussage. So kann beispielsweise langweilige Architektur spannend wirken. Viele nutzen die Möglichkeit der Bildoptimierung zum Ausbessern oder Retuschieren von Details. Beim Einzoomen des Bildes fällt zum Beispiel ein Vogel im Himmel auf. Im Vollbildmodus ist das sicherlich nicht sofort erkennbar. Beim genaueren Hinsehen wird jedoch ein Punkt sichtbar. Dieser lässt sich mit einfachsten Mitteln bei Photoshop und Co. beseitigen. Andere hingegen bedienen sich an den verschiedensten Filtern. So zaubert man in Kürze ein farbenfrohes Bild, welches im Originalzustand schlicht wirkt. Die

Bildoptimierung ist für jede Person unterschiedlich. Welches Ritual man sich aneignet, ist jedem selbst überlassen.

Non-Destruktiv oder Destruktiv?

Beide Begrifflichkeiten sind bei der Fotografie für Anfänger von Bedeutung. Hierbei geht es in erster Linie um das Arbeiten mit dem Bild, sobald Korrekturen ins Spiel kommen. Bereits kleinste Änderungen können ein Bild zerstören, wenn man die falsche Arbeitsweise verwendet hat. Destruktives Arbeiten beschreibt deshalb das Zerstören eines Bildes. Hierbei bleibt das Bild nicht erhalten, da man es ohne Verluste einfach bearbeitet. Das ist natürlich kontraproduktiv, wenn es nach dem Speichern zu fehlerhaften Korrekturen kommt. Im Extremfall ist das Bild nicht mehr zu gebrauchen. Deshalb sollte man stets eine Non-Destruktive Arbeitsweise erhalten. Dabei kopiert man den Originalzustand und arbeitet nur an der kopierten Aufnahme weiter. Den Originalzustand kann man sperren, sodass man hier keinerlei Korrekturen anwenden kann. Im Falle von vollkommen falschen Korrekturen an der kopierten Ebene des Originalzustands, kann man sie problemlos löschen.

Software für Computer

Die meisten Korrekturen finden am Computer statt. Hierbei kommen allerlei Programme zur Bildbearbeitung zum Einsatz. Natürlich gibt es kostenpflichtige Anwendungen. Diese sind kein Muss, da auch frei verfügbare Programme alle Funktionen haben. Trotzdem sind die kostenpflichtigen Versionen oftmals übersichtlicher, wenn nicht sogar leichter zu verstehen. Vergleicht man beispielsweise GIMP und Photoshop so lassen sich viele Ähnlichkeiten und Unterschiede feststellen:

Menüführung

Die Menüführung ist bei beiden Programmen generell gleich. Trotzdem hat Photoshop sowohl ergänzende Funktionen wie spezielle Filter, als auch ein kompakteres Farbmenü.

Werkzeuge

Auch die Werkzeuge sind generell gleich. Bei Photoshop sind sie hingegen über separate Tastenkürzel verfügbar, während GIMP nur bedingt Tastenkürzel verwendet.

Verständlichkeit

Trotz allem findet man sich wesentlich schneller bei Photoshop zurecht als bei GIMP. GIMP wirkt auf den ersten Blick komplexer. Auch die einzelnen Funktionen muss man hier erst finden, bevor man sie effektiv anwenden kann. Bei Photoshop geht hingegen alles geordneter zu. Nach kurzem Einfinden weiß man, wo man welche Funktion anfindet.

Apps für Smartphones

Nach der kleinen Session mit dem Smartphone ist es soweit. Die Bildkorrektur steht an. Der Playstore bietet neben kostenlosen Apps auch jegliche kostenpflichtigen Varianten an. Grundsätzlich unterscheiden sich die Programme nur gering. Auch hier kann man zwischen verschiedenen Filtern und Funktionen wählen. Sogar das Weichzeichnen funktioniert problemlos über das Touchdisplay. Weiterhin können kleine Texte, Cliparts etc. eingefügt werden. Auch die Erstellung von Collagen ist möglich. Mögliche Apps mit ähnlichen Funktionen sind beispielsweise PicsArt, PhotoDirector oder Pixlr.

Der richtige Bildausschnitt

Grundsätzlich sollte man sich vor jeder Bearbeitung fragen, welchen Teil des Bildes man wirklich erhalten möchte. Oftmals hat man mehr fotografiert, als man braucht. Wo liegt der Fokus im Bild? Ist der Hintergrund so wichtig, dass er in einem höheren Anteil vorhanden sein muss? Bilder sollten stets auf das Wesentliche reduziert werden. Schließlich macht man nicht einfach so ein Bild. Dahinter steckt immer eine gewisse Intention. Diese soll dem Betrachter nähergebracht werden. Deshalb sollte man bewusst alles andere weglassen und sich nur auf den Fokus konzentrieren.

Erste Korrekturen

Fotografieren für Anfänger endet keinesfalls mit den einzelnen Aufnahmen. Die Bilder können abschließend noch leicht korrigiert werden. Anfänger spielen gern mit der Helligkeit und der Sättigung herum. Das ist auch vollkommen richtig. So weiß man für das nächste Mal, wie man das Motiv besser in Szene stellt. Mit der Zeit weiß man aus der eigenen Erfahrung, wie die Einstellungen bezogen auf die Helligkeit sein müssen. Zudem werden bei den ersten Korrekturen Filter genutzt. Auch hiermit kann man oftmals spielen, indem man die verschiedenen Regler für Schärfe und Co. bewegt. Auswahlen und Masken anfertigen ist hingegen erst für Fortgeschrittene gedacht.

Haben Sie Ihre Bilder im Kasten, dann kann es jetzt an die Nachbearbeitung gehen. Hierfür stehen Ihnen eine ganze Reihe von Programmen zur Verfügung und die sollten Sie unbedingte nutzen, um alles aus Ihren Bildern rauszuholen. Mit den meisten Features, die Ihnen zur Verfügung stehen, sind Sie vielleicht schon vertraut, denn sie befinden sich bereits auf vielen Smartphones und abstrahieren das Foto oft sehr stark. Wir wollen uns mit den Bildoptimierungen beschäftigen, bei denen Ihr Foto an Ernsthaftigkeit und realem Erscheinen nicht verliert. Hier gibt es zum Beispiel das Problem des Bildrauschens.

Besonders bei Kameras mit kleinem Sensor hat man ab einem bestimmten ISO-Wert Probleme mit dem Bildrauschen. Wenn es nun zur Bildbearbeitung am Computer kommt, kann das Erhöhen von Helligkeit und Kontrast das Bildrauschen noch sichtbarer werden lassen. Daher ist es ratsam, als ersten Schritt in der Bildbearbeitung, eine Rauschreduzierung vorzunehmen. Das gilt natürlich nur für Fotos, wo Bildrauschen auch wirklich ein Problem darstellt, also bei Aufnahmen mit hohem ISO-Wert oder einer Langzeitbelichtung von einigen Sekunden. Die meisten Bildbearbeitungsprogramme bieten eine zufriedenstellende Funktion, mit der sich das Bildrauschen minimieren lässt.

Vor dem Auslösen sollte man immer darüber nachdenken, welchen Bildausschnitt man wählt. Ein Foto mit einem schlecht gewählten Bildausschnitt kann durch Bildbearbeitung extrem selten in ein wirklich gutes Foto verwandelt werden. Jedoch können gute Fotos durch Beschneiden in manchen Fällen noch einiges an Qualität gewinnen. Das betrifft vor allem kleinere Korrekturen wie das Entfernen von störenden Elementen am Bildrand. Solche Details werden beim Fotografieren leicht übersehen. Auch kommt es sehr oft vor, dass das Bild nicht exakt gerade aufgenommen wurde. Das lässt sich leicht korrigieren.

Wenn Sie den Eindruck haben, dass manche Bilder etwas matt, flau und unspektakulär wirken, dann kann das an zu wenig Kontrast und Sättigung liegen. Versuchen Sie hier, im Bildbearbeitungsprogramm an den entsprechenden Reglern mehr Farbe hineinzudrehen. Zu viel Kontrast oder Sättigung lässt die Farben jedoch schnell künstlich und übertrieben wirken. Auch einzelne Farbtöne lassen sich so im Bild hervorheben und das Foto wärmer oder kälter wirken. Je nach Geschmack. Es passiert auch häufig, dass ein Foto unter- oder überbelichtet aufgenommen wurde. Hier kann eine Anpassung der Helligkeitseinstellungen helfen.

Wer sich mit dem Thema Bildbearbeitung bisher kaum beschäftigt hat und nur erste Gehversuche wagen möchte, ist mit Gratis-Programmen wie Gimp gut beraten. Damit können Urlaubsfotos daheim also auch umfangreiche Fotoprojekte bearbeitet werden. Besonders Einsteiger können mit diesen kostenlosen Lösungen hervorragend die ersten Schritte in der digitalen Bildbearbeitung lernen. Adobe ist wohl der Spitzenreiter in Sachen Bildbearbeitung. Dessen speziell auf Fotografen zugeschnittenes Programm Lightroom kann besonders empfohlen werden. Auch Adobe-Photoshop ist ein sehr gängiges Programm und eher für den Semi-Professionellen gedacht.

Unser Fazit

Sie haben nun viele Informationen erhalten, die Ihnen beim Umgang mit Ihrer Kamera hoffentlich eine große Hilfe sind. Tatsächlich werden Sie aber nur gute Fotos schießen, wenn Sie Ihre Kamera nehmen und selbst damit herumexperimentieren.

Die Theorie nützt nichts, wenn Sie sie in der Praxis nicht anwenden und immer wieder üben. Genau hier liegt die Schwierigkeit, wenn man mit dem professionellen Fotografieren beginnt. Die vielen Knöpfe, Schalter und Rädchen für die tausend verschiedenen Einstellungen können leicht überfordern.

Wie und was mit welcher Einstellung zusammenhängt, können Sie nur durch ständiges Benutzen automatisieren. Bis jeder Handgriff sitzt, brauchen Sie also ein wenig Geduld. Dabei ist der Weg und das Herumprobieren aber genau das, was Spaß bereitet. Zeigen Sie also gleich, was Sie in diesem Buch gelernt haben. Nehmen Sie Ihre

Kamera und halten Sie Ihre Perspektiven auf die Welt für immer fest.

In diesem Sinne wünschen wir Ihnen viel Spaß beim Fotografieren!

Ihr *Markus Langes*

Rechtliche Hinweise

Das hier vorliegende e-Book dient nur der allgemeinen Information und stellt keinen professionellen Rat dar. Die Inhalte basieren auf den Ansichten und Meinungen des Autors und allen, die an diesem Buch mitgewirkt haben.

Seitens des Autors und aller beteiligten Personen wurde jede Anstrengung unternommen, um korrekte und aktuelle Informationen in diesem Dokument bereitzustellen. Bitte bedenken Sie, dass die Technologien sehr schnell voranschreiten und sich ändern. Daher behalten sich der Autor und die beteiligten Personen das Recht vor, die hier angebotenen Inhalte und Informationen zu aktualisieren, sofern diese Änderungen notwendig werden. Weder der Autor noch die an diesem Werk Beteiligten tragen irgendeine Verantwortung für Fehler oder Weglassungen, sollten solche Diskrepanzen in diesem Dokument auftauchen.

Der Autor und alle anderen Beteiligten sind weder finanziell, rechtlich oder auf eine andere Weise verantwortlich zu machen für irgendwelche Folgen, die sich durch die Anwendung des angebotenen Materials ergeben.
Es liegt in der Verantwortung des Lesers, sich vor Umsetzung des Materials aus diesem Buch professionellen Rat einzuholen.

Die Erfolge des Lesers basieren auf seinen Fähigkeiten und der individuellen Wahrnehmung der Buchinhalte. Daher können keinerlei Garantien abgegeben werden, weder in finanzieller Weise noch auf andere Art. Garantien werden in keinerlei Form gewährt.

Impressum

© Autor Markus Langes 2018
1. Auflage
Alle Rechte vorbehalten.
Nachdruck, auch auszugsweise, verboten.
Kein Teil dieses Werkes darf ohne schriftlich Genehmigung des Autors in irgendeiner Form reproduziert, vervielfältigt oder verbreitet werden.
Kontakt: Philipp Schartner, Zaglausiedlung 24,
5600 St. Johann im Pongau

Covergestaltung: Markus Langes
Coverfoto: fiverr.com

www.ingramcontent.com/pod-product-compliance
Lightning Source LLC
Chambersburg PA
CBHW020446220526
45464CB00002B/873